Devocionário e novena ao Espírito Santo

Devocionário e novena ao Espírito Santo

Edições Loyola

Preparação: Fernanda Guerriero
Diagramação: So Wai Tam
Revisão: Ivone Andrade

Edições Loyola Jesuítas
Rua 1822, 341 – Ipiranga
04216-000 São Paulo, SP
T 55 11 3385 8500
F 55 11 2063 4275
editorial@loyola.com.br
vendas@loyola.com.br
www.loyola.com.br

ISBN 978-85-15-02769-9

4ª edição: julho de 2015
conforme novo acordo ortográfico
da Língua Portuguesa

Sumário

Invocação ao Espírito Santo

Vinde, Espírito Santo, enchei os corações dos vossos fiéis e acendei neles o fogo do vosso amor.

— Enviai o vosso Espírito e tudo será criado.

— E renovareis a face da terra.

Oremos:

Senhor nosso Deus, que, pela luz do Espírito Santo, instruístes os corações dos vossos fiéis, fazei-nos dóceis ao mesmo Espírito, para apreciarmos o que é justo, e nos alegrarmos sempre com vossa presença. Por Nosso Senhor Jesus Cristo, vosso filho, na unidade do Espírito Santo. Amém.

A nós descei, divina luz

A nós descei, divina luz.
Em nossas almas acendei
o amor, o amor de Jesus.

OS SETE DONS DO ESPÍRITO SANTO:
SABEDORIA, INTELIGÊNCIA,
CONSELHO, FORTALEZA, CIÊNCIA,
PIEDADE, TEMOR DE DEUS.

O envio do Espírito Santo

"Deus prometera, por meio dos profetas, que nos últimos tempos derramaria o Seu Espírito sobre os seus servos e servas, para que recebessem o dom da profecia. Por isso, o Espírito Santo desceu sobre o Filho de Deus, que se fez Filho do homem, habituando-se com ele a conviver com o gênero humano, a repousar sobre os homens e a morar na criatura de Deus. Assim, renovava os homens segundo a vontade do Pai, fazendo-os passar da sua antiga condição para a vida nova em Cristo.

São Lucas nos diz que esse Espírito, depois da ascensão do Senhor, desceu sobre os discípulos no dia de Pentecostes, com o poder de dar a vida nova a todos os povos e de fazê-los participar da Nova Aliança. Eis por que, naquele dia, todas as línguas se uniram no mesmo louvor de Deus, enquanto o Espírito congregava na unidade as raças mais diferentes e oferecia ao Pai as primícias de todas as nações.

Foi por isso que o Senhor prometeu enviar o Paráclito, que os tornaria capazes de receber a Deus [...].

Com efeito, nossos corpos receberam, pela água do Batismo, aquela unidade que os torna incorruptíveis; nossas almas, porém, a receberam pelo Espírito.

O Espírito de Deus desceu sobre o Senhor como espírito de sabedoria e discernimento, espírito de conselho e fortaleza, espírito de ciência e de temor de Deus (Is 11,2).

É este mesmo Espírito que o Senhor, por sua vez, deu à Igreja, enviando do céu o Paráclito sobre toda a terra, daquele céu de onde também Satanás caiu como um relâmpago (Lc 10,18).

Por esse motivo, temos necessidade deste orvalho da graça de Deus para darmos fruto e não sermos lançados ao fogo, e para que também tenhamos um defensor onde temos um acusador."

(Palavras tomadas do Tratado de Santo Irineu, bispo)

Mistério glorioso

Ao rezar o rosário, no terceiro mistério glorioso, meditamos a vinda do Espírito Santo sobre a Virgem Santíssima e os apóstolos.

"Chegou o dia de Pentecostes e estavam todos reunidos naquele mesmo lugar. [...]

Então, lhes apareceram línguas como se fossem de fogo, que se dividiram e pousaram sobre cada um deles.

Todos ficaram cheios do Espírito Santo e começaram a falar em outras línguas, conforme o Espírito os impelia a que se exprimissem" (At 2,1-4).

"Assim como no céu, onde já está glorificada em corpo e alma, a mãe de Deus representa e inaugura a Igreja na sua consumação no século futuro, da mesma forma nesta terra, enquanto aguardamos a vinda do dia do Senhor, ela brilha como sinal da esperança segura e consolação para o Povo de Deus em peregrinação" (LG 68).

Explicação: Os efeitos dos dons do Espírito Santo

SABEDORIA ajuda-nos a apreciar os valores divinos e humanos.

INTELIGÊNCIA capacita-nos a perceber melhor as verdades reveladas e a acreditar nelas.

CONSELHO sugere-nos o que mais nos convém para a glória de Deus e para a nossa salvação.

FORTALEZA sustenta-nos nos perigos, nos temores e nas tentações, a fim de superarmos as dificuldades espirituais e corporais.

CIÊNCIA ensina-nos em que devemos crer e o que fazer para realizar a Vontade de Deus.

PIEDADE leva-nos a prestar culto a Deus e aos Santos, tratando a todos com amor.

TEMOR DE DEUS impele-nos a fugir de todo pecado, para não desagradarmos a

Nosso Senhor e não provocarmos o Seu castigo.

— o —

"Senhor Jesus, preparai com a vossa graça os corações dos fiéis, para que recebam com alegria e generosidade OS DONS DO ESPÍRITO SANTO e que o vosso espírito nos santifique."

Em cada dia da novena, encontraremos meditação sobre um dos sete dons do Espírito Santo, um edificante exemplo e oração.

"FELIZES OS QUE OUVEM A PALAVRA DE DEUS E A PÕEM EM PRÁTICA."

O Espírito Santo
(Resumo do ensino do Catecismo)

"[...] Ao enviar, na plenitude dos tempos, seu Filho único e o Espírito de Amor, Deus revela seu segredo mais íntimo: Ele mesmo é eternamente intercâmbio de amor: Pai, Filho e Espírito Santo, e destinou-nos a participar deste intercâmbio" (Catecismo da Igreja Católica – CIC, nº 221).

Para aprofundar nossos conhecimentos referentes ao Espírito Santo, podemos ler no CIC, Primeira parte, Segunda seção, Capítulo III: Creio no Espírito Santo, Artigo 8, nn. 683-747.

Os efeitos da ação do Espírito Santo manifestam-se pelos seus Dons e pela recepção dos Sacramentos (ver CIC, nº 1520).

"[...] segundo o sapientíssimo plano divino, a Sagrada Tradição, a Sagrada Escritura e o Magistério da Igreja estão de tal modo entrelaçados e unidos que um não tem consistência sem os outros, e que juntos, cada qual a seu modo, sob a ação do mesmo Espírito Santo, contribuem eficazmente para a salvação das almas" (CIC, nº 95).

"[...] A fé é um dom de Deus, uma virtude sobrenatural infundida por Ele. 'Para que se preste esta fé, exigem-se a graça prévia e adjuvante de Deus e os auxílios internos do Espírito Santo, que move o coração e o converte a Deus, abre os olhos da mente e dá a todos suavidade no consentir e crer na verdade'" (CIC, nº 153).

Hino ao Espírito Santo

Vem, Espírito Santo,
envia do céu um raio de tua luz.
Vem, Pai dos pobres.
Vem, doador das graças.
Vem, luz dos corações.

Consolador boníssimo,
doce hóspede da alma.
Doce refrigério, descanso no trabalho.
No ardor tranquilidade,
consolo no pranto.

Ó luz santíssima, enche o mais íntimo
dos corações dos teus fiéis.
Sem tua ajuda nada há no homem,
nada que seja inocente.

Lava o que está manchado,
rega o que é árido,
cura o que está enfermo,
verga o que é rígido,
aquece o que é frio,
dirige o que está transviado.

Concede a teus fiéis que em ti confiam
teus sete sagrados dons,
dá-lhes o mérito da virtude,
leva-os ao porto da salvação.

Dá-lhes o eterno gozo.
Aleluia!

Oração ao Espírito Santo

Espírito Santo, divino Paráclito, Pai dos pobres, consolador dos aflitos, santificador das almas, eis-me prostrado em vossa presença; eu vos adoro com a mais profunda submissão e repito mil vezes, com os Serafins que rodeiam o vosso trono: Santo! Santo! Santo!

Creio firmemente e confesso em alta voz que sois verdadeiro Deus, com o Pai e o Filho, de uma só natureza, vida e eternidade, a terceira pessoa da Santíssima Trindade.

Vós que enchestes de imensas graças a alma de Maria e inflamastes de santo zelo os corações dos Apóstolos, dignai-vos também abrasar o meu coração com o vosso amor. Aparecestes em forma de nuvem, de língua de fogo, de pomba, para revelar as comunicações de vossa caridade.

Cobri-me com a sombra de vossa proteção, ensinai-me a maneira de vos louvar incessantemente e dai-me costumes puros.

Enfim, sois o Autor de todos os dons celestes. Ah! Vos suplico, vivificai-me, com vossa graça, santificai-me com vossa caridade, governai-me com vossa sabedoria, adotai-me como filho por vossa bondade e salvai-me pela vossa infinita misericórdia, a fim de que não cesse nunca de vos abençoar, louvar e amar na terra, durante minha vida, e em seguida no céu, por toda a eternidade.

Amém.

Ladainha do Espírito Santo

Senhor, tende piedade de nós.
Jesus Cristo, tende piedade de nós.
Senhor, tende piedade de nós.
Jesus Cristo, ouvi-nos.
Jesus Cristo, atendei-nos.
Deus Pai dos Céus, tende piedade de nós.
Deus Filho Redentor do mundo,
Deus Espírito Santo,

Santíssima Trindade, que sois um só Deus, vinde a nós.
Espírito Santo que procedeis do Pai e do Filho, vinde a nós.
Divino Espírito, que sois igual ao Pai e ao Filho, vinde a nós.
Promessa do mais terno e generoso dos Pais, vinde a nós.
Dom do Deus altíssimo, vinde a nós.
Fogo Sagrado,
Caridade ardente,

Unção espiritual das almas,
Espírito de Verdade,
Espírito de Sabedoria e de Inteligência,
Espírito de Conselho e de Fortaleza,
Espírito de Ciência e de Piedade,
Espírito de Temor de Deus,
Espírito de graça e de oração,
Espírito de compunção e de confiança,
Espírito de doçura e de humildade,
Espírito de paz e de paciência,
Espírito de modéstia e de pureza,
Espírito Consolador,
Espírito Santificador,
Espírito do Senhor, que encheis o universo,
Espírito de Infalibilidade, que dirigis a Igreja,
Espírito de adoção dos filhos de Deus,
Espírito Santo, ouvi-nos.
Iluminai nosso espírito com a vossa luz, vinde a nós.
Inflamai nosso coração com vosso calor,
Tornai-nos firmes e corajosos na fé,
Conduzi-nos na via de vossos mandamentos,

Fazei-nos dóceis a vossas inspirações,
Ensinai-nos a orar e orai conosco,
Ensinai-nos a nos amar e nos suportar mutuamente,
Revesti-nos de caridade e misericórdia para com nossos irmãos,
Inspirai-nos horror ao mal,
Dirigi-nos na prática do bem,
Concedei-nos o mérito das virtudes,
Fazei-nos perseverar na Justiça,
Sede nossa eterna recompensa,
Cordeiro de Deus, que tirais os pecados do mundo, perdoai-nos, Senhor.
Cordeiro de Deus, que tirais os pecados do mundo, ouvi-nos, Senhor.
Cordeiro de Deus, que tirais os pecados do mundo, tende piedade de nós.

V. Vinde, Espírito Santo, enchei os corações dos vossos fiéis.

R. E acendei neles o fogo do vosso divino amor.

Breves orações

ORAÇÃO

Peço-vos, ó divino Espírito Santo, que me visiteis com vossa graça e vosso amor e me concedais o dom da sabedoria, a fim de que eu possa dirigir minhas ações a Deus e O possua eternamente no céu, depois de O ter amado e servido nesta terra. Amém.

Vinde nos dar sabedoria
que nos dispensa a salvação.
O nosso empenho, noite e dia,
seja alcançar a perfeição.

ORAÇÃO

Que vosso Divino Espírito nos esclareça, abrase e purifique, e nos refrigere com seu celestial orvalho, tornando-nos fecundos em boas obras, por nosso Senhor Jesus Cristo, que, sendo Deus, vive e reina convosco na glória, em união com o Espírito Santo. Amém.

Breves orações

Novena ao
Divino Espírito Santo

Primeiro dia

MEDITAÇÃO

O Espírito Santo é a terceira pessoa da Santíssima Trindade. Desde a eternidade, por um ato da vontade e do amor, procede do Pai e do Filho. Assim como Nosso Senhor nos revelou os mistérios de Deus, semelhantemente, o Espírito Santo quer operar na criação as obras maravilhosas que nos revelam a grandeza, a sabedoria e a bondade de Deus. Ele pairou sobre o caos e produziu a ordem que vemos no universo; iluminou os profetas do Antigo Testamento e os fez ver os acontecimentos futuros; veio sobre a Virgem santíssima e realizou o mistério da Encarnação do Verbo Divino. Depois do Batismo de Nosso Senhor, apareceu em forma de pomba. Jesus Cristo o prometeu aos apóstolos e, realmente, no dia de Pentecostes comunicou-se a eles e à igreja dos primeiros fiéis, e nós O temos recebido nos Sacramentos do Batismo e, mormente, da Crisma.

Consideramos uma graça singular que essa Pessoa divina se digne habitar em nós. É o Espírito Santo mesmo que vem morar em nosso coração. "Ou não sabeis que o vosso corpo é um templo do Espírito Santo, que está em vós e que recebestes de Deus? [...]" (1Cor 6,19).

Se há alguma coisa para admirar é que nós, cristãos e católicos, que temos no coração a luz da Fé e nas mãos as santas Escrituras, chegamos algumas vezes à metade de nossa existência e talvez ao fim de nossa vida sem mesmo nomear o Espírito Santo, enquanto falamos no Pai e no Filho.

É possível que ignoremos a presença íntima do Espírito Santo em nós?

Não temos consciência das operações contínuas da graça, efeito da presença do Espírito Santo em nossa alma.

Se há algo do qual devemos nos envergonhar e nos lançar de joelhos com o rosto em terra é que, no decorrer do dia, vivemos como se não houvesse o Espírito

Santo. Somos como os Efésios, que, quando o Apóstolo lhes perguntou se tinham recebido o Espírito Santo depois que abraçaram a fé, responderam: "Mas nem sequer ouvimos dizer que existe um Espírito Santo" (At 19,2).

Vivemos no mundo e somos mundanos; vivemos sobre a terra e tudo da terra nos torna terrestres; vivemos para o prazer, para os vícios, para o dinheiro, para a leviandade, para a satisfação de nossa vontade própria.

Se há uma verdade preciosa a conhecer e doce a contemplar é o dogma segundo o qual o Espírito Santo nos ajuda a conseguir a felicidade eterna; dá o querer e o fazer o bem (ver Fl 2,13). É o Espírito da sabedoria que nos ensina as verdades eternas; o Espírito da graça que nos santifica; o Espírito do amor que nos une a Deus; o Espírito da paz que tranquiliza em nós as paixões; o Espírito da fortaleza que nos assiste no combate contra os inimigos; o Espírito da humildade e da obediência que nos torna bons servidores de Deus. Numa palavra, é o Espírito de Deus que nos faz filhos de Deus. Sem Ele não podemos fazer nada para a salvação da nossa alma. Ele habita e age na alma dos justos.

Rezemos com o Rei Profeta Davi: "Um coração sem mancha cria em mim, renova em mim o espírito de força" (Sl 50,12).

RAMALHETE ESPIRITUAL

"Não entristeçais o Espírito Santo de Deus" (Ef 4,30).

"Não resistais à ação do Espírito" (1Ts 5,19).

"Enchei-vos do Espírito Santo" (Ef 5,18).

EXEMPLO

Santa Luzia, a ilustre Virgem de Siracusa, acabava de distribuir aos pobres o rico dote que sua mãe pusera em reserva para o seu casamento.

Informado dessa conduta e tomado de despeito, o jovem que pedira a sua mão e ao qual os pais a tinham prometido em casamento, contra a vontade dela, denunciou-a ao pretor Pascásio. Este mandou prender imediatamente a jovem e, quando ela compareceu diante do tribunal, nada lhe foi poupado para renunciar à religião cristã, tida por vã superstição, e para sacrificar-se aos deuses.

"O verdadeiro sacrifício que devemos oferecer é visitar as viúvas e os órfãos", disse Luzia. "É assistir os pobres nas necessidades. Há três anos eu ofereço esse sacrifício ao Deus Vivo, e só resta sacrificar a mim mesma como vítima devida à sua divina Majestade."

"Dizei isto aos cristãos, e não a mim", respondeu Pascásio. "Eu sou obrigado a guardar os editos dos imperadores, meus senhores."

Santa Luzia continuou: "Vós guardais as leis desses príncipes e eu, as de meu Deus. Vós temeis os imperadores da terra; eu, o do céu. Vós tendes receio de ofender um homem, e eu, ao Rei Imortal. Vós desejais agradar a vossos senhores e eu, ao meu

Criador; não penseis poder separar-me do amor de Jesus Cristo".

"Todos estes discursos acabarão quando vierem os açoites", retorquiu o pretor, impaciente.

"As palavras", atalhou a intrépida Virgem, "não poderiam faltar àqueles a quem Jesus Cristo disse: 'Quando fordes levados aos tribunais, não vos inquieteis sobre o que haveis de responder...' o Espírito Santo falará por vós".

"Vós acreditais que o Espírito Santo está em Vós?", questionou o pretor.

"Aqueles que vivem piedosa e castamente são o templo do Espírito Santo."

"Pois bem, eu vos mandarei a um lugar infame, a fim de que o Espírito Santo vos abandone."

"A violência feita ao corpo nada tira a pureza da alma; e se vós me ultrajardes, eu terei, no céu, uma dupla coroa."

Deus salvou, por um milagre, a honra de sua esposa e mártir.

ORAÇÃO

Peço-Vos, ó Divino Espírito Santo, que me visiteis com vossa graça e vosso amor.

Nós Vos pedimos, Senhor, que o Espírito Santo venha em nossos corações e, morando neles, os torne templos dignos de sua glória.

Espírito Divino,
acendei em mim a luz,
para que meu destino
seja alcançar Jesus.

Segundo dia

MEDITAÇÃO

O Espírito Santo é comparado a uma fonte de água viva, bem como a um fogo ardente.

A água é vida. Na natureza, circula como o sangue em nossas veias. Quer ela brote do seio da terra, quer se arroje das montanhas em torrentes, quer caia do céu em chuva, é a água que fertiliza a terra.

Sem ela, a terra mais rica permanece estéril. Onde há água, a vida ressurge, a semente germina e a seiva circula nas plantas.

A água faz o oásis surgir no deserto!

A ação da água na natureza faz-nos compreender a ação da graça nas almas.

A graça santificante, como a água, purifica, refresca e vivifica.

As almas santas são comparadas a "jardins fertilizados por águas vivas", a "árvores vicejantes plantadas à beira das águas".

A água fertiliza a terra, mas é o sol que faz a seiva levantar, que dá à flor seu brilho e à fruta seu sabor.

Nas Sagradas Escrituras, o homem justo é comparado à palmeira: "o justo florescerá como a palmeira". A palmeira, para florescer, necessita de água e sol em abundância, pois a vegetação tropical deve sua vida a esses dois elementos.

Assim, o fogo é também princípio de vida. O fogo não somente vivifica, mas também purifica, ilumina e inflama.

É o símbolo do trabalho, da graça em nossa alma, nos três graus de vida: purgativa, iluminativa e unitiva.

O fogo torna o ferro flexível e, ao mesmo tempo que torna maleáveis os metais duros, dá ao giz que o artista modelou a consistência de pedra. Da mesma forma, o Espírito Santo amolece os corações endurecidos pelo vício e dá às almas fracas a energia e o vigor, como fez com os Apóstolos no Pentecostes.

O Espírito Santo ilumina, vivifica, é luz para o coração. Por isso, é princípio de união. A fé aproxima-nos de Deus, e o amor une-nos a Ele.

"Eu vim trazer fogo à terra [...]" (Lc 12,49), disse Nosso Senhor; este fogo que é a caridade, o amor.

A Nicodemos Jesus declara: "[...] se alguém não renascer da água e do Espírito, não poderá entrar no Reino de Deus" (Jo 3,5); e João Batista pregou que o Messias batizaria "no Espírito Santo e no fogo" (Mt 3,11).

Vede! Água, fogo, e sempre o Espírito Santo.

Os Apóstolos receberam esse Batismo de fogo no dia de Pentecostes, quando o Espírito Santo desceu sobre eles em línguas de fogo.

RAMALHETE ESPIRITUAL

"Ou não sabeis que o vosso corpo é um templo do Espírito Santo, que está em vós e que recebestes de Deus?" (1Cor 6,19).

EXEMPLO

O Espírito Santo distribui seus dons conforme lhe apraz: a uns dá o dom das línguas; a outros, o das profecias, das revelações e dos milagres.

Santo Antônio de Pádua pregou em Roma e todos os homens, embora de nacionalidades diferentes o entenderam.

Os processos de canonização de São Francisco Solano, apóstolo do Peru e da Tucumânia, referem que, muitas vezes, cada um dos homens de diversas nações, que o ouviam pregar, o entendia como se lhe falasse na própria língua.

Padre Anchieta, certo dia, navegando numa barca, com o mar em calma e um calor forte que sufocava os marinheiros, viu três ou quatro guarás na margem de um mangue. Em língua indígena, disse-lhes: "Ide, chamai vossos companheiros e vinde fazer-nos sombra". Foram e, em breve, voltaram em uma formosa nuvem que se pôs sobre a canoa, pelo espaço de uma légua. Até que, entrando a viração — pois as ondas batiam as asas como se abanassem um leque —, transmitiu ar fresco aos marinheiros, e estes ficaram maravilhados pelo tão amigável e inesperado obséquio.

ORAÇÃO

Peço-vos, ó Divino Espírito Santo, que me visiteis com vossa graça e vosso amor.

Permiti, Senhor, que a infusão do Divino Espírito purifique nosso coração e o faça fecundo com a íntima aspersão da sua graça. Amém.

Vinde, Luz de caridade,
inflamar os corações.
A todos nós, por piedade,
Defendei nas tentações.

Terceiro dia

MEDITAÇÃO

O orgulho, grande obstáculo à nossa perfeição, leva-nos a resistir a Deus, transgredindo os seus mandamentos, e a nos perder eternamente, porque o orgulhoso não se submete nem à suprema autoridade de Deus.

Quem nos salvará de tão grande perigo do orgulho e do pecado? Quem nos dará a necessária humildade e a verdadeira obediência?

O Espírito Santo, ao infundir em nós o dom do temor.

O dom do temor dá-nos o profundo sentimento da grandeza e da soberana Majestade de Deus, em cuja presença somos o nada.

Um dos erros da modernidade é alterar as verdades da religião. O livre-pensador glorifica o pecado, e nós o julgamos com menos severidade; exalta as paixões, e nós as desculpamos; nega o inferno, e nós o imaginamos menos terrível do que é. Assim, o salutar temor do juízo de Deus morre nas almas.

Para isso, conhece a ti mesmo, as tuas fraquezas e faltas; lembra-te das últimas coisas do homem e da eternidade da tua sorte no outro mundo. Vive também cônscio da presença de Deus, que te vê e conhece os teus mais escondidos pensamentos. A tua salvação depende da tua perseverança nas virtudes; ainda podes cair em graves pecados se não tens temor de desagradar a Deus, teu Senhor e último Juiz.

Temer a Deus não significa ter medo Dele. Esse temor, dom do Espírito Santo, torna-nos apreensivos em ofensas a nosso Pai celeste, em contristá-lo nas mínimas coisas, e aumenta à medida que cresce o amor.

O Espírito Santo faz-nos conceber quão grande é este Deus que a Fé revela e nos leva a nos inclinar diante de sua Majestade: é a Adoração.

Penetra e excita no coração um sentimento de segurança, de abandono nas mãos de um Deus onipotente: é a Confiança.

Influi sobre a vontade e a move a servir sempre a um Mestre tão perfeito, a quem devemos obedecer como a criança obedece ao pai querido: é a obediência e a fidelidade.

Desce ao íntimo da consciência, inspirando o sentimento de compunção, tornando-a delicada, receosa em ofender a Deus.

É neste harmonioso conjunto de respeito, confiança, fidelidade e compunção que consiste o dom do temor.

Os frutos do dom do temor são a modéstia, a temperança e a castidade.

EXEMPLO

São Maximiliano Maria Kolbe, presbítero e mártir, chegando ao Japão como missionário, aplicou-se em difundir a fé cristã, sob os auspícios e o patrocínio da Virgem Imaculada. Quando regressou à Polônia, sua pátria, trabalhou de modo extraordinário, oferecendo tudo para a maior glória de Deus: seu trabalho, suas orações e sua vida. Por ocasião da Segunda Guerra Mundial, que então grassava, tendo padecido terríveis atrocidades no campo de concentração de Auschwitz, consumou sua fecunda vida num holocausto de caridade, oferecendo-a no lugar da vida de outro prisioneiro.

Padre Kolbe dizia:

"O melhor caminho para conseguir a glória divina e a santificação das almas é a obediência, que nos indica a Vontade de Deus".

RAMALHETE ESPIRITUAL

"Bem-aventurados os pobres
em espírito, porque a eles pertence
o Reino dos Céus"
(Mt 5,3).

Segundo São Boaventura, esta
bem-aventurança corresponde ao
dom do temor.

ORAÇÃO

Peço-Vos, ó Divino Espírito Santo, que me visiteis com vossa graça e vosso amor e me concedais o dom do temor para me servir de freio, a fim de não recair nas faltas passadas, das quais eu vos peço perdão.

Temor de Deus, vos suplicamos,
sempre nos vinde dominar.
Todos os dons, solicitamos,
vinde em nossa alma derramar.

Quarto dia

MEDITAÇÃO

O dom do temor cura-nos do orgulho.

O dom da piedade é derramado em nossa alma para combater o egoísmo, segundo obstáculo à nossa união com Deus.

Esse dom mostra-nos Deus como um Pai muito bom e suscita em nossa alma um desejo ardente de Lhe agradar. Faz-nos dóceis e confiantes nesse Pai celeste, quando precisamos pedir-Lhe um favor ou confessar-Lhe uma falta.

Com docilidade, a piedade aceita a Sagrada Escritura, que é a Palavra de Deus; com respeito, honra os anjos e os santos do céu, por estarem unidos com Deus; com compaixão, socorre as almas do purgatório, porque são os nossos irmãos que sofrem. A piedade reza por todos os homens na terra porque, como nós, são chamados para a vida eterna; inspira aos súditos obediência respeitosa aos superiores e a estes infunde sentimentos paternos para com aqueles. Além disso, move-nos a compadecer-nos dos pobres doentes, bem como de todos os que precisam de nosso auxílio, conforto e conselho. Temos o dom da piedade se gostamos de rezar, de assistir à Santa Missa, de ouvir a Palavra de Deus, se temos respeito aos outros e compaixão pelos indigentes.

A falsa piedade, que é uma caricatura da verdadeira, é superficial, estreita, falha de sentimentos generosos e de ideias elevadas, escrava de fórmulas e palavras. Essa piedade farisaica se interessa mais pelos objetos da piedade do que pelos da virtude, ocupa-se de trabalhos supérfluos e esquece os impostos pelo dever; piedade de rotina, suspeita sentimental, perdida em vago misticismo, que se acomoda a tudo, meio mundana, meio cristã.

A piedade será para nós questão de temperamento? Naturezas impressionáveis fazem consistir a piedade em sentimentalismo; naturezas ardentes, no zelo exterior; a piedade dos fracos limita-se a não ofender os outros.

Será lógica a nossa piedade?

Como os raios do sol, o dom da piedade é luz, calor e vida e se compõe de fé, amor e força; vai a Deus sem constrangimento; é o sentimento religioso em toda a sua delicadeza. É menos um ato de obediência imposto ao servo que uma prova de ternura em que se compraz o filho.

Os frutos produzidos pela piedade são a alegria espiritual e as doçuras da caridade.

EXEMPLO

A Igreja Católica propõe a seus filhos as palavras de Nosso Senhor Jesus Cristo: "[...] se não vos tornardes de novo como os meninos, não podereis entrar no Reino dos Céus" (Mt 18,3).

Vemos esse ideal evangélico realizado, como ótimo exemplo, na vida de Santa Teresinha do Menino Jesus, que obteve do Papa Leão XIII a licença para entrar no Carmelo de Lisieux aos quinze anos.

No livro *História de uma alma* encontramos sua "pequena via da infância espiritual", como obra e ação do Espírito Santo, oferecida aos mansos e de coração humilde.

Dizia Santa Teresinha: "Nunca recusei coisa alguma ao bom Deus". Nessas palavras, podemos ver a força do amor de Deus no coração da Igreja, no qual Santa Teresinha descobrira sua vocação.

Deus guiou-a pela mão à total oferta de si mesma ao amor, para salvação do mundo.

O Papa Pio XI declarou-a padroeira principal de todas as missões.

RAMALHETE ESPIRITUAL

"Bem-aventurados os mansos e humildes,
porque herdarão a terra da promessa"
(Mt 5,5).
Esta bem-aventurança é relacionada
ao dom da piedade
(São Boaventura).

ORAÇÃO

Peço-vos, ó Divino Espírito Santo, que me visiteis com vossa graça e vosso amor e me concedais o dom da piedade, a fim de que eu possa vos servir com mais fervor, seguindo com docilidade vossas santas inspirações, observando vossos divinos preceitos...

Divina Luz da Piedade
nos inflama o coração,
com o santo ardor da caridade,
nos purifique a imperfeição.

Quinto dia

MEDITAÇÃO

O dom da ciência ensina aos homens as verdades da fé, a prática das virtudes cristãs, dando-lhes o verdadeiro conhecimento de seus deveres.

Expele o erro, retifica e amadurece nosso raciocínio e nos torna capazes de discernir a verdade do falso, o bem do mal, e de defender a fé cristã contra os ataques dos hereges.

A fé é a luz de nossas almas.

Pelo dom da ciência, o Espírito Santo faz brilhar essa virtude para dissipar nossas trevas, esclarecer as dúvidas e expelir o erro.

A alma iluminada fica ciente do pouco valor deste mundo variável e traidor, que promete mais do que dá.

O dom da ciência ensina-nos a ver Deus nas suas obras e a ler, no grande livro da natureza, o poema escrito por Ele, porque toda criatura é uma palavra deste poema divino, uma espécie de Sacramento, um sinal visível que contém um fragmento de Sua ideia.

Os santos descobrem nas criaturas tudo o que elas revelam de Deus — seu poder, sabedoria e bondade —, porque as obras de arte proclamam bem alto o seu autor. Na harmonia do universo, percebemos os traços do Criador, a marca de seus passos, a impressão de sua mão, o eco de sua palavra, o reflexo de seu pensamento, a radiação de seu amor.

O dom da ciência também aumenta o poder intelectual dos sábios e ilumina os gênios. Nos iletrados, dá e esclarece o bom senso, mais valioso que o arrogante conhecimento dos sábios. "Pela pureza do coração", diz o abade Teodoro, "consegue-se maior ciência do que pelo próprio estudo". Pelo pecado, no entanto, extingue-se a luz soberana nas trevas dos maiores erros e vícios.

Como sentido do sobrenatural, a ciência é para a alma o que a luz do sol é para os olhos, e o que o conhecimento humano é para a mente. Aqueles desprovidos desse dom são como os cegos, que têm meios limitados de percepção: um sentido falta a eles, e um aspecto do mundo lhes escapa.

O fruto desse dom é uma fé esclarecida, que nos ajuda a conviver com as criaturas sem os lastimáveis desvios.

RAMALHETE ESPIRITUAL

"Bem-aventurados os aflitos, porque serão consolados" (Mt 5,5), fruto do dom da ciência (São Boaventura).

EXEMPLO

Santa Verônica de Milão († 1494), era uma humilde camponesa, que não havia recebido instrução humana nem sabia ler. A graça do Espírito Santo, recebida na Crisma, foi seu único mestre e lhe revelou os segredos do Reino dos Céus. As luzes interiores do Divino Espírito faziam-na meditar, sem cessar, os mistérios e as verdades principais da fé. Tornando-se religiosa, desejou ler as Sagradas Escrituras, e para isso passava as noites tentando ler sozinha; conseguiu-o finalmente, vencendo dificuldades incríveis.

Um dia, num momento de piedoso abandono, queixou-se a Deus da lentidão de seus progressos.

O Espírito Santo consolou-a numa visão: "Não te inquietes", disse-lhe, "basta conheceres três coisas: primeiro, a pureza de coração, que consiste em amar a Deus acima de tudo e amar as criaturas para Ele; segundo, não murmurar nunca e suportar, com paciência, os defeitos do próximo; terceiro, todos os dias, reservar um tempo para meditar sobre a Paixão de Jesus Cristo."

Fiel às lições do Espírito de Deus, Santa Verônica avançou rapidamente no caminho da perfeição.

ORAÇÃO

Peço-vos, ó Divino Espírito Santo, que me visiteis com vossa graça e vosso amor e me concedais o dom da ciência, a fim de que eu possa conhecer bem as coisas de Deus e, esclarecido por Vossas santas instruções, andar sem me desviar do caminho de minha salvação.

Dai nos ciência que nos guie
a Jesus, ó Mestre Senhor;
nossa razão jamais se alie
aos erros mil do sedutor.

Sexto dia

MEDITAÇÃO

O dom da fortaleza comunica à alma uma coragem sobrenatural, uma energia divina, que a torna capaz de enfrentar as dificuldades, os sofrimentos, as tentações, os perigos, as tristezas e as provações de que é cheia a vida do homem nesta terra.

O dom da fortaleza torna-nos capazes de empreender e agir. É um movimento sobrenatural que dá à alma especial controle sobre os sentidos e a natureza; é a tenacidade no bem.

É o dom que faz a alma grande, o coração nobre e o caráter heroico.

Agir e sofrer: eis a vida.

Agir para Deus é a fonte da vida sobrenatural; sofrer pelo amor de Deus é o segredo da perfeição.

É o dom divino que nos faz dominar as paixões internas e nos fortalece contra as tentações do inimigo infernal; sabemos que esta luta se estende até a nossa morte. Somos, portanto, soldados de Cristo pelo Sacramento da Crisma; precisamos do espírito da fortaleza, da coragem sobrenatural, para que, mesmo sucumbindo na luta exterior, sejamos invencíveis interiormente.

Todas as maravilhas de coragem, constância, abnegação, penitência e resignação são devidas ao dom da fortaleza. Se multidões de almas, de sua livre vontade, procuram a cruz e, carregando-a, não a acham demasiado pesada, devem isso ao dom da fortaleza, porque todo o nosso ser se revolta contra o sofrimento. Para suportá-lo, precisamos de energia de vontade e império sobre nós mesmos, que não estão em nossa natureza e somente a graça nos pode dar.

Está em contradição com o dom da fortaleza o respeito humano unido a certa covardia, que se intimida diante do juízo mundano.

Peçamos que Deus nos dê fortaleza de espírito, porém confiemos no auxílio de Deus; tenhamos cuidado para que a nossa vontade domine as paixões e mormente a sensualidade rebelde.

Os frutos da fortaleza são: a longanimidade, que não se cansa de praticar o bem; a paciência, que suporta todas as provações; e a alegria, que é a primeira recompensa dada pelo Espírito Santo a quem pode dizer como São Paulo: "Combati o bom combate".

RAMALHETE ESPIRITUAL

"Bem-aventurados os famintos e sedentos da justiça, porque serão saciados" (Mt 5,6), efeito do dom da fortaleza (São Boaventura).

EXEMPLO

Lê-se, nos anais da última perseguição do México, um fato comovedor.

Os perseguidores tinham em seu poder um menino piedoso a quem, à força de maus-tratos, queriam fazer confessar onde estavam escondidos o bispo e os padres mexicanos. O pequeno, porém, permanecia calado. Penduraram-no apenas pelos dois polegares.

Em dado momento, o pequeno mártir declarou ter algo a dizer. Os malvados algozes sorriam com ar de triunfo, pensando tê-lo vencido.

Quando o desprenderam, ele deixou cair, sacudindo-as, as duas falanginhas partidas pela corda que segurava o corpo, e então apresentou-lhes os dois indicadores, para ser suspenso novamente.

Furiosos, os algozes o penduraram novamente sem piedade e, com um tiro certeiro no coração, transplantaram essa florzinha para sua verdadeira pátria: o céu.

Eis as maravilhas que o Espírito Santo opera numa alma de criança!

ORAÇÃO

Peço-vos, ó Divino Espírito Santo, que me visiteis com vossa graça e vosso amor e me concedais o dom da fortaleza, a fim de que eu possa vencer os ataques do demônio e todos os perigos que, no mundo, se opõem à salvação de minha alma.

Na tentação cruel, terrível,
ah! sustentai o nosso ardor.
E que por Vós, fortaleza invencível,
sempre lutemos com valor.

Sétimo dia

MEDITAÇÃO

O dom do conselho produz na ordem sobrenatural o que a prudência faz na ordem natural. Ele é necessário, sobretudo a pais, mestres e educadores, que devem ensinar aos outros, dirigindo-os, o caminho do bem.

Ensina a julgar os homens e as coisas com o espírito cristão e mostra-nos a maneira de tratar santamente a todos. Dirige cada um em particular com um discernimento em que se unem a força e a suavidade, fazendo-nos falar ou calar, agir ou esperar, segundo os tempos, os lugares e as circunstâncias.

O dom do conselho nos faz distinguir, entre duas coisas boas e justas, qual é a melhor, a mais elevada, a mais agradável a Deus.

Ao barco duvidoso no mar revolto, é necessário um piloto esclarecido que conheça a rota segura por entre rochedos e abrolhos.

Assim, a alma iluminada com o dom do conselho discerne os meios e vê claramente o seu caminho, para segui-lo com confiança, mesmo que seja árduo, estéril ou repugnante.

Não receia o zelo indiscreto que empreende mais do que pode realizar, ficando assim salva da agitação e da inconstância.

Os Mandamentos e os preceitos do Evangelho marcam a fronteira de nossas obrigações morais e nos traçam a vereda ordinária da salvação. Contudo, se os Mandamentos bastam para nos livrar da perdição, não nos libertam suficientemente das perplexidades e das preocupações da vida. O dom divino do conselho deve mostrar-nos o que escolher dos conselhos evangélicos. Estes são apontados para todos, mas somente para alguns são especialmente propostos.

Há no Evangelho páginas de misteriosa significação, que só penetram aqueles que têm o dom do conselho.

É o tesouro escondido do Evangelho.

Peçamos ao Espírito Santo que, nas dúvidas da vida, ilumine a nossa inteligência e nos faça conhecer o que devemos fazer; sejamos também dóceis para com aqueles que nos podem aconselhar para o bem. Quem confia demais na própria compreensão nunca receberá do Espírito Santo o dom do conselho.

Os frutos desse dom são a docilidade e a obediência em seguir os conselhos do Espírito Santo em todas as ocasiões.

RAMALHETE ESPIRITUAL

"Bem-aventurados os misericordiosos, porque serão tratados com misericórdia" (Mt 5,7).

O dom do conselho ensina-nos as obras da misericórdia (São Boaventura).

EXEMPLO

Nada se deve colocar como obstáculo entre nós e o serviço de Deus. Se Ele nos chama ao completo sacrifício, este deve ser feito.

São Caetano ocupava em Roma posição honrável e lucrativa.

A atmosfera da corte pontifícia, com seus esplendores, pareceu-lhe perigosa: renunciou a tudo, fez-se padre e passou toda a sua vida fazendo obras de caridade, para a salvação das almas.

Santo Afonso, quando era advogado, afastou-se um dia, ligeiramente, da verdade; sua consciência ficou de tal forma alarmada, que ele renunciou imediatamente à profissão em que estavam todas as esperanças do seu futuro.

Santa Rosa era bela e, por isso, atraía atenção. Ela cortou os cabelos, com o receio de se expor à tentação, e, por sua humildade e modéstia, encontrou facilidade em prosseguir no caminho da santidade.

São Carlos Borromeu vendeu todo o seu patrimônio e, num só dia, distribuiu o dinheiro aos pobres.

Não houve pastor na Igreja que trabalhasse tão energicamente e tomasse tão pouco repouso como São Carlos.

Nunca houve, como ele, alguém tão dedicado a ganhar as almas, não reservando para si um instante.

Estava sempre rodeado de homens, cheio de negócios, ocupado com o clero, com a arquidiocese, com os necessitados.

A prece aliava-se à sua ação.

ORAÇÃO

Peço-vos, ó Divino Espírito Santo, que me visiteis com vossa graça e vosso amor e me concedais o dom do conselho, a fim de que eu possa escolher o que é mais conveniente à minha santificação e descobrir as ciladas do espírito maligno.

Vinde nos dar Vosso conselho
que nos ensine a sempre ver
em Jesus Cristo, nosso espelho,
o que devemos resolver.

Oitavo dia

MEDITAÇÃO

O dom da inteligência dá-nos a percepção clara, o sentido íntimo das verdades divinas.

Consiste numa iluminação que nos torna capazes de penetrar profundamente as verdades sobrenaturais, não de modo obscuro, mas por uma espécie de intuição que vê como transparentes as palavras e os símbolos.

A alma contempla o objeto de sua fé como se possuísse novo sentido e com olhos que se abriram para a luz de um mundo mais elevado.

Dessa forma, a nossa inteligência compreende melhor os mistérios da fé e, por consequência, os mistérios da nossa vida terrestre; esta se torna mais razoável e compreensível na luz da Divina Providência.

Para conseguir esse dom inestimável, servem, sobretudo, a oração que alcança tudo, como também a fé viva que crê, sem vacilar, nas verdades divinas; a humildade à qual Deus dá as suas graças; e a pureza do coração, pois só o homem espiritual compreende as coisas espirituais que o homem sensual, de forma alguma, adivinha.

A alma dotada da inteligência sente-se dilatada por essa clareza, essa luz que lhe aumenta a fé, a esperança e a caridade. Sente-se impressionada, de modo novo, pela leitura do santo Evangelho; acha um sentido desconhecido nas palavras do Salvador; compreende melhor a finalidade dos Sacramentos; sente-se comovida pelos ritos profundos da liturgia e atraída pela vida dos Santos, o que lhe causa grande edificação.

O dom da inteligência, assim como o da sabedoria, completa a obra da perfeição e nos conduz à contemplação.

Essa atração para a vida contemplativa não depende das condições materiais da existência, nem é privilégio das almas enclausuradas. Encontra-se, às vezes, num simples operário, como Matt Talbot ou Sinclair, num camponês, como Santo Isidoro ou

Santa Notburga, ou numa mãe de família, pois a graça da contemplação não é fruto da ciência, mas, antes, da humildade de espírito e da pureza de coração.

O fruto do dom da inteligência é uma fé luminosa e uma vida que lhe corresponde.

RAMALHETE ESPIRITUAL

"Bem-aventurados os puros de coração,
porque verão a Deus"
(Mt 5,8).
A pureza e o dom da inteligência se
correspondem intimamente
(São Boaventura).

EXEMPLO

Escreve um missionário da China:

"Numa missão, encontrei uma menina de dez anos, muito bem instruída pela religião, o que, nessa idade, é muito raro entre os chineses. Essa criança desejava ardentemente ser crismada; eu hesitava, no entanto, achando-a jovem demais. Querendo me certificar de que sua coragem se igualava à sua inteligência, disse-lhe: 'Depois que estiveres crismada, que farias se o mandarim te pusesse na prisão e te interrogasse sobre a doutrina? Que responderias?'.

Responderia: 'Sou cristã pela graça de Deus'.

E se ele te mandasse renunciar ao Evangelho, que farias?

Responderia: 'Nunca'.

Se ele chamasse o carrasco e te dissesse: 'Apostata ou terás a cabeça cortada', qual seria tua resposta?

Eu lhe diria: 'Corta!'.

Encantado por vê-la tão bem-disposta e resoluta, não hesitei em administrar-lhe o Sacramento da Confirmação".

ORAÇÃO

Peço-vos, ó Divino Espírito Santo, que me visiteis com vossa graça e vosso amor e me concedais o dom da inteligência, a fim de que eu possa entender os mistérios divinos e, pela contemplação das coisas celestes, desapegar meus pensamentos e afetos de todas as vaidades deste mundo miserável.

Divina luz de inteligência,
a nossa mente esclarecei;
e com fervor e diligência,
nós seguiremos vossa lei.

Nono dia

MEDITAÇÃO

O dom da inteligência conduz-nos à sabedoria, assim como o conhecimento é o primeiro passo para o amor.

Conhecendo a excelência de uma coisa, desejamo-la.

O Espírito Santo é luz e calor, é amor e verdade ao mesmo tempo.

O dom da sabedoria está ligado ao da inteligência. Ambos estão ligados ao mesmo objeto; no caso da inteligência, este objeto é mostrado, ao passo que no caso da sabedoria ele já é possuído.

O dom da sabedoria é bem interpretado pela etimologia da palavra "sapiência": *sapere*, saber bem, sentir o gosto, provar as coisas divinas, estimar o valor pelo sabor.

O dom da sabedoria consiste na experiência do coração que possui o dom divino e se compraz com sua posse. Com efeito, a sabedoria é o amor puro, é a santidade, é a última palavra da perfeição, resumida neste grito do Salmista; "Provai, e vede como Deus é bom [...]" (Sl 33,9).

O dom da sabedoria está em nossos corações, pois a graça santificante nos possui. Ele crescerá à medida que formos fiéis e dóceis às inspirações divinas.

O fruto desse dom é a estima singular pela sabedoria divina.

Os que têm mais facilidade em adquirir o dom da sabedoria são os pobres, cuja condição engendra a simplicidade, amesquinha e aniquila o orgulho, que é o grande obstáculo à nossa união com Deus.

Depois dos pobres, são as crianças batizadas, pois sua alma ainda não foi manchada, nem seu coração foi obscurecido pelo pecado.

Portanto, desapeguemo-nos dos bens da terra, elevemos a nossa alma acima das coisas mundanas e entreguemo-nos com simplicidade infantil às meditações das verdades eternas. Exercitemo-nos, também, na mortificação externa e interna, para que o amor de Deus domine em nós.

Quando a sabedoria incriada, o Filho de Deus, veio a este mundo, ela tocou em muitas coisas com suas mãos divinas: os doentes, os aflitos, os famintos, os moribundos, as crianças; o pão que benzeu e dividiu no deserto; a dor e o sofrimento; enfim, abraçou-as na Cruz. Jesus deixou um perfume em tudo o que tocou e uma doçura, só percebidos por aqueles que possuem o dom da sabedoria.

A sabedoria é o antegozo da nossa felicidade eterna, é a suprema perfeição da alma em sua união com Deus.

RAMALHETE ESPIRITUAL

"Bem-aventurados os promotores da paz, porque serão chamados filhos de Deus" (Mt 5,9). Esta bem-aventurança corresponde ao dom da sabedoria (São Boaventura).

EXEMPLO

O servo de Deus Contardo Ferrini, ilustre professor de direito romano que, na cátedra da universidade italiana, fez resplandecer ao mesmo tempo a ciência, a nobreza da fé e a pureza dos costumes, habitualmente dizia: "Eu não posso conceber uma vida sem oração, um despertar matutino sem o sorriso de Deus, um repouso noturno sem que seja sobre o peito de Cristo".

Cada manhã, recitava suas orações e fazia sua meditação; cada manhã, ia à igreja para a "festa dos santos pensamentos", como dizia. Depois de longas viagens, mal descia do trem, procurava uma igreja para assistir ao santo sacrifício da Missa e unir-se a Jesus na comunhão.

Era leigo e professor de universidade.

Oração para pedir a Divina Assistência

Ó Pai celestial, pelo Vosso Filho unigênito Vos pedimos: mandai-nos o Espírito Santo com os sete dons: o Espírito de Sabedoria, para que procuremos unicamente a vós, que sois o nosso fim e destino; o Espírito de Inteligência, para que bem compreendamos a Vossa santa palavra e a Vossa santa vontade, reconhecendo em todas as situações da vida a mão da Vossa Divina Providência; o Espírito do conselho, para que não erremos nas dúvidas, mas sim trilhemos o bom caminho; o Espírito de Fortaleza, para que Vos sejamos fiéis na felicidade e na desventura, resistindo firmemente às tentações; o Espírito de Ciência, para que distingamos o bem do mal, compenetrando-nos cada vez melhor dos nossos deveres; o Espírito de Piedade, para que o nosso coração, inflamado no santo amor e na verdadeira piedade, encontre em

Vós a paz que o mundo não pode dar; o Espírito do Temor de Deus, para que, sempre lembrados de Vossa onipresença, evitemos o pecado e nos mostremos dignos da Vossa divina assistência. Assim seja.

Podemos usar esta mesma oração quando desejamos também fazer uma breve novena com a invocação ao Espírito Santo, que se encontra no início deste devocionário, e acabar essa breve novena com uma sequência, ou seja, um hino.

Sequência

(Hino na liturgia da Missa)

Vinde, ó Santo Espírito, e mandai do céu um raio da Vossa luz.

Vinde, ó Pai dos pobres, vinde, ó Distribuidor dos bens, vinde, ó Luz dos corações.

Vinde, ó Consolador ótimo, doce Hóspede e suave alegria das almas.

Vinde aliviar-lhes os trabalhos, temperar-lhes os ardores e enxugar-lhes as lágrimas.

Ó luz beatíssima, inflamai o íntimo dos corações dos Vossos fiéis.

Sem a Vossa graça, não há no homem nada inocente.

Lavai, pois, o que está sórdido, regai o que é seco, sarai o que anda enfermo. Abrandai o que é duro, abrasai o que é frio e reconduzi o desviado.

Concedei aos Vossos servos, que em Vós confiam, o setenário de Vossos dons.

Dai-lhes o mérito da virtude, o dom da graça final e o glorioso prêmio dos prazeres eternos. Amém.

Nota: Na liturgia da Igreja, chama-se sequência um hino que, na Missa, é cantado como continuação do Gradual e do Aleluia.

Com este hino (sequência), os cristãos e, de modo especial, aqueles que se preparam para receber o Sacramento da Crisma poderiam acabar sempre sua novena ao Espírito Santo.

CONHEÇA OUTROS TÍTULOS DESTA COLEÇÃO

Dev. à Juventude
Dev. ao Coração de Jesus
Dev. e Nov. à Imaculada Conceição
Dev. e Nov. à Misericórdia Divina
Dev. e Nov. a N. Sra. Mãe, Rainha Três Vezes Admirável
Dev. e Nov. a Nossa Sra. Aparecida
Dev. e Nov. a Nossa Sra. Auxiliadora
Dev. e Nov. a Nossa Sra. da Cabeça
Dev. e Nov. a Nossa Sra. da Defesa
Dev. e Nov. a Nossa Sra. da Saúde
Dev. e Nov. a Nossa Sra. das Graças
Dev. e Nov. a Nossa Sra. de Fátima
Dev. e Nov. a Nossa Sra. Desatadora de Nós
Dev. e Nov. a Nossa Sra. do Carmo
Dev. e Nov. a Nossa Sra. do Desterro
Dev. e Nov. a Nossa Sra. do Perpétuo Socorro
Dev. e Nov. à Sagrada Face
Dev. e Nov. a Santa Clara
Dev. e Nov. a Santa Edwiges
Dev. e Nov. a Santa Josefina Bakhita
Dev. e Nov. a Santa Luzia
Dev. e Nov. a Santa Rita de Cássia
Dev. e Nov. a Santo Expedito
Dev. e Nov. a São Benedito
Dev. e Nov. a São Bento, Abade
Dev. e Nov. a São Francisco de Assis
Dev. e Nov. a São José
Dev. e Nov. a São Judas Tadeu
Dev. e Nov. a São Sebastião Mártir
Dev. e Nov. ao Anjo da Guarda

Dev. e Nov. ao Espírito Santo
Dev. e Nov. ao Menino Jesus de Praga
Dev. e Nov. ao Pe. Pio, santo estigmatizado
Dev. e Nov. ao Santíssimo Sacramento
Dev. e Nov. às Almas
Dev. e Nov. missionária a Santa Teresinha
Dev. e Trez. a Santo Antônio
Jesus, Bom Pastor – Manual e Novena
Minha Primeira Eucaristia
Minutos reflexivos
Novena a Nossa Senhora do Monte Serrat
Orações de Sempre
Parábolas de Jesus Cristo
Via-Sacra

Edições Loyola

editoração impressão acabamento

rua 1822 nº 341
04216-000 são paulo sp
T 55 11 3385 8500
F 55 11 2063 4275
www.loyola.com.br